BEI GRIN MACHT SICH IHR WISSEN BEZAHLT

- Wir veröffentlichen Ihre Hausarbeit, Bachelor- und Masterarbeit

- Ihr eigenes eBook und Buch - weltweit in allen wichtigen Shops

- Verdienen Sie an jedem Verkauf

Jetzt bei www.GRIN.com hochladen und kostenlos publizieren

Juliane Seip

Immanuel Kants Werk "Zum ewigen Frieden" als Grundlage der Vereinten Nationen

GRIN Verlag

Bibliografische Information der Deutschen Nationalbibliothek:

Die Deutsche Bibliothek verzeichnet diese Publikation in der Deutschen National-
bibliografie; detaillierte bibliografische Daten sind im Internet über http://dnb.d-
nb.de/ abrufbar.

Impressum:

Copyright © 2012 GRIN Verlag GmbH
Druck und Bindung: Books on Demand GmbH, Norderstedt Germany
ISBN: 978-3-656-37666-8

Justus- Liebig- Universität Gießen
Fachbereich 03 – Sozial- und Kulturwissenschaften
Institut für Politikwissenschaft
Proseminar: Politische Theorie
Sommersemester 2012

Gilt Immanuel Kant mit seinem Werk "Zum ewigen Frieden" als Vordenker der Vereinten Nationen?

28.09.2012

Schon seit der Existenz der Menschen herrschen Kriege auf der Welt. Sie variieren in ihrem Ausmaß, in den Formen der Gewalt und ihrer beabsichtigten Ziele. Allerdings wird die Tatsache, dass Menschen in ständiger Gewalt leben von Philosophen und Politikern dahingehend legitimiert, dass Krieg ein Zustand ist, welcher in der Natur des Menschen liegt.

Dementsprechend ist die Schrift Immanuel Kants „Zum ewigen Frieden" aus dem Jahre 1795 als epochaler Wendepunkt in der Geschichte der politischen Theorie und zugleich Basis einer neuen Friedenstheorie zu verstehen. Kants philosophischer Entwurf war eine Reaktion auf den Abschluss des Basler Friedens 1795, welcher dem Krieg zwischen Frankreich und Preußen ein Ende bereitete.[1] Dieser Entwurf ist in Form eines völkerrechtlichen Vertrages aufgebaut, bestehend aus sechs Präliminarartikeln, drei Definitivartikeln, zwei Zusätzen und einem Anhang über Moral und Politik.[2]

Kant teilte prinzipiell die Annahme von Thomas Hobbes', dass Staaten sich naturgemäß untereinander in einem Kriegszustand befinden. Er war allerdings auch der Meinung, dass dieser Zustand überwunden werden muss, bis zu einem ewigen Frieden hin. Um diesen Frieden zu erreichen muss ein Vertrag mit allen Staaten geschlossen werden, so Kant.

150 Jahre nach Kants Friedenschrift wurden die Vereinten Nationen bzw. die United Nations Organisation (UNO) im Jahre 1945 zum Zweck der globalen Friedenssicherung gegründet. Wurde somit Kants Konzept realisiert? Um die Frage klären zu können, ob Immanuel Kant als ein Vordenker der Vereinten Nationen gilt, bedarf es einer genauen Untersuchung des Werkes von Kant um es mit den Grundsätzen und Zielen der UNO zu vergleichen.

Zu Beginn werde ich kurz Kants Werk und dessen Aufbau erläutern. Darauffolgend werden Grundsätze und Ziele der UNO vorgestellt um im Anschluss Unterschiede und Gemeinsamkeiten von Kants Konzept und der UNO herauszuarbeiten. Dabei gehe ich genauer auf den ersten, dritten, vierten und fünften Präliminarartikel ein, sowie auf den ersten Definitivartikel und vergleiche sie mit der heutigen Zeit. Da sich die Zusätze und der Anhang nicht direkt mit der rechtsphilosophischen Idee des ewigen Friedens auseinandersetzen, werden diese in meinem Aufsatz nicht genauer thematisiert.

---

[1] vgl. Pesch (2012): S.130.
[2] vgl. Pesch (2012): S.130.

Kant stellt als Beginn seines Werkes sechs Präliminarartikeln auf. Diese stellen Verbotsgesetzte dar, welche Notwendige Bedingungen für den ewigen Frieden sind. Dabei werden Rechtsverletzungen benannt, welche teilweise sofort und teils bald aufzuheben sind damit der Frieden lange andauern kann. Zunächst werde ich klären, was genau Frieden für Kant bedeutet.

1. Präliminarartikel: "Es soll kein Friedensschluss für einen solchen gelten, der mit dem geheimen Vorbehalt des Stoffs zu einem künftigen Kriege gemacht worden." [3]

Im ersten der sechs Präliminarartikel wird deutlich gemacht, was genau Frieden für Kant bedeutet. Der Friede ist ein dauerhafter Zustand der Gewaltlosigkeit, nicht nur ein Waffenstillstand. Waffenstillstand bedeutet für ihn nämlich nur eine Kriegspause, also einen unechten Frieden, deshalb soll ein echter Frieden nicht unter Vorbehalten geschlossen werden. [4] Alleine die Anwesenheit der Mitteln für den Krieg stellt kein Frieden dar, denn dadurch fühlen sich andere Staaten bedroht und leben in Angst um einen möglichen Angriff, dies kann wiederum zu einem Wettrüsten führen. Stattdessen muss ein echter Friedensbund ausgehandelt werden, an dem sich alle Vertragspartner zu halten haben.

Basierend auf den Präliminarartikel geht Kant über zu den Definitivartikel, wovon es drei gibt. Kant geht es nicht nur um den innerstaatlichen Frieden, sondern um einen allumfassenden globalen Frieden. "Auf der Grundlage dieser Präliminarartikeln lässt sich ein gewisser Vorfriede erreichen."[5] Dieser Vorfriede ist lediglich eine Kriegsabwesenheit, diese muss nun zum Frieden übergehen. Deshalb hier muss das Recht angewendet werden, damit Menschen und Staaten zum Frieden gelangen. [6]

Die Vereinten Nationen bzw. die United Nations Organisation (im Folgendem: UNO) wurden im Jahre 1945 von damals 50 Staaten zum Zweck der globalen Friedenssicherung gegründet.[7] Mittlerweile hat die Weltorganisation 192 Mitglieder, deren Hauptziele die internationale Sicherheit und die Wahrung des Weltfriedens sind. Die wichtigsten Hauptorgane sind die Generalversammlung und der Sicherheitsrat.

---

[3] Kant (1977): S.196.
[4] vgl. Kant (1977): S.196.
[5] Höffe (2004): S.87.
[6] vgl. Höffe (2004): S.87.
[7] vgl. Schmidt (2010): S.830.

Außerdem gibt es noch den Internationalen Gerichtshof und seit November 1994 kam zusätzlich noch der internationalen Seegerichtshof dazu.

Die UNO wurde mit einer Verfassung gegründet, die "Charta der Vereinten Nationen". Die Prinzipien dieser Verfassungsurkunde lassen einen deutlichen Vergleich mit Kants Gedanken erkennen.[8] Die Mitglieder der UNO verpflichten sich grundsätzlich jede Gewaltanwendung zu unterlassen, um die internationale Sicherheit und den Weltfrieden als leitenden Zweck zu erfüllen.[9] Im Artikel 1 der Charta werden noch weiter Ziele genannt, wie "die Entwicklung und Pflege freundschaftlicher Beziehungen zwischen den Nationen auf der Grundlage der Gleichberechtigung und Selbstbestimmung der Völker, die Förderung internationaler Kooperation zur Lösung internationaler Probleme und die Förderung der Menschenrechte."[10]

Im Folgenden werde ich Unterschiede und Gemeinsamkeiten der UNO und Kants Friedenschrift genauer erläutern um meine Ausgangsfrage angemessen beantworten zu können. Dabei werde ich auf einige Artikel von Kants Vertrag genauer eingehen.

Vorab ist zu sagen, dass man von einem Werk keine Antworten auf heutige Situationen erwarten kann, welches zu einer ganz anderen Zeit, mit anderen Problemen und anderer Politik entstanden ist. Somit ist es zum Teil selbstverständlich das Kants Gedanken zu den Rahmenbedingungen der heutigen Zeit nicht eins zu eins passen, jedoch lässt sich aber auch allgemeines, nicht zeitlich orientiertes Gedankengut finden, welches auch typisch für philosophische Texte ist.

Eine Übereinstimmung mit den Grundsätzen von Kants These und der Vereinten Nationen beginnt schon mit der Gründung der UNO selbst. Aufgrund der negativen Erfahrungen des Krieges und den schweren Folgen davon, wurde nun realisiert, was Kant schon lange vorher sich für die Welt erhoffte: weltweite Anerkennung.[11]

Kant möchte sich mit der Idee des Friedenbundes allen möglichen regionalen Beschränkungen entziehen, deshalb bildet hier beispielsweise auch nicht die Europäische Union den Gegenstand sondern die regional unbegrenzten Vereinten Nationen.[12]

---

[8] vgl. Schmidt (2010): S.830.
[9] vgl. Schmidt (2010): S.830.
[10] Schmidt (2010): S. 830.
[11] vgl. Höffe (2004): S. 250.
[12] vgl. Höffe (2004): S.245.

Alle Staaten sollten durch ihre Moral und Vernunft zu dem Schluss gelangen, dass nur ein globaler Friedensbund zu einem ewigen Frieden führt und das Leid des Krieges verhindern wird.[13] Auch bei Kant war dieser philosophische Entwurf eine Antwort auf die damaligen Kriege, wie der zwischen Frankreich und Preußen.

Auf den ersten Blick, könnte man nun davon ausgehen das Kant mit seiner Theorie des Weltfriedens als ein Vordenker der UNO gilt, jedoch sind bei genaueren Vergleichen auch deutliche Unterschiede erkennbar.

Tatsächlich gibt es auch seit der Gründung der UNO noch zahlreiche und gravierende Kriege, auch innerstaatlich finden ständig Rechtsverletzungen statt.[14] Kaum konnte die UNO bewaffnete Kriege verhindern und oft wird auch auf schweren Rechtsverletzungen nicht angemessen reagiert, beispielsweise bei der Konfliktregelung im südlichen Afrika, sowie im Nahen und Mittleren Osten.[15] Doch nun tut sich allerdings die Frage auf, falls Kant mit seiner Schrift "Zum ewigen Frieden" als Vordenker der UNO gilt, wieso kommt es schlussendlich nicht zu einem Weltfrieden? Die Antwort liegt auf der Hand. Kants Friedenschrift stimmt mit dem Hauptziel der UNO ein, nämlich die Abschaffung des Krieges und der Zusammenschluss aller Staaten zu einem Friedensbund. Allerdings wurde Kants philosophischer Entwurf nur zur Hälfte realisiert, wodurch man das Scheitern der UNO erklären könnte. Trotzdem darf man die Erfolge der Weltorganisation nicht außer Acht lassen, so wurde nämlich das Völkerrecht zusammengefasst, es wurde internationale Pakte für Menschenrechte geschlossen und es konnten viele Konflikte entschärft werden.[16]Wo liegen nun die Unterschiede zwischen Kants Friedensschrift und der UNO ?

Vor allem wurde gegen zwei, für Kant wichtige Bedingungen verstoßen. Zum einen ist es der Verstoß gegen Kants ersten Definitivartikel.

1. Definitivartikel: "Die bürgerliche Verfassung in jedem Staate soll republikanisch sein."[17]

Der erste Definitivartikel behandelt die Bedingungen, die das Staatsrecht erfüllen muss, um den Frieden zwischen den Staaten gewährleisten zu können. Nach Kant ist dazu eine republikanische Verfassung, welche die Freiheit der Bürger, die Abhängigkeit aller von

---

[13] vgl. Höffe (2004): S. 245
[14] vgl. Höffe (2004): S. 252.
[15] vgl. Höffe (2004): S. 252.
[16] vgl. Höffe (2004): S. 153.
[17] Kant (1977): S. 204.

einer gemeinsamen Gesetzgebung und die Gleichheit der Staatsbürger bei der Stiftung der Verfassung garantiert, erforderlich.[18] Für Kant sichert eine Regierungsform den Frieden der Menschen und ihrer Gleichheit als Staatsbürger vor dem Recht, wenn der Gesetzgeber und ausführende Gewalt strikt getrennt sind, wie es in der republikanischen Verfassung zu finden ist.[19]

Die Mitglieder der UNO haben hingegen nicht alle die republikanische Verfassung, vor allem die ständigen Mitglieder des Sicherheitsrates weißen nicht einmal alle die republikanische Verfassung auf. Allerdings sollte man an Kants Theorie, dass die Republikanische Verfassung die Friedensbereitende Verfassung schlechthin ist, kritisieren. Schon durch Historische Belege, lässt sich Kants Theorie leicht wiederlegen. Schon die französische Republik hat Europa mit Krieg überzogen. Ebenfalls die ältere Republik, die Vereinigten Staaten von Nordamerika, breiteten sich ohne Rücksicht auf die Ureinwohner in den Westen aus.[20]

Kant hält Republiken außerdem besonders für friedensgeneigt, weil ihre Bürger die gesellschaftlichen und wirtschaftlichen Folgen selber zu tragen haben und deswegen lieber auf Kriege verzichten.[21] Allerdings ist dem entgegenzubringen, dass Kriege von innenpolitischen Problemen ablenken und man auch reichlich an Kriegen verdienen kann, wodurch die Bürger auch positives an einem Krieg abgewinnen können.[22]

Diese wenigen Argumente zeigen schon das der Republikanismus keineswegs so friedensorientiert ist, wie Kant angibt.

Ein weiterer und wichtiger Unterschied zwischen der UNO und Kants Friedensvertrag ist der Verstoß gegen Kants dritten Präliminararartikel.

3. Präliminararartikel: "Stehende Heere (miles perpetuus) sollen mit der Zeit ganz aufhören."[23]

In diesem Artikel geht Kant nochmal wie bereits im ersten Präliminararartikel auf die Bedrohung ein, welche durch die alleinige Anwesenheit der Waffen besteht. Bestehende Heere sollen mir der Zeit ganz verschwinden, damit die Bereitschaft zum Krieg verhindert wird, ansonsten führt dies zu einer Bedrohung der anderen Staaten und es kann zum Ausrottungskrieg kommen.

---

[18] vgl. Kant (1977): S. 204.
[19] vgl. Kant (1977): S. 206 f.
[20] vgl. Höffe (2004): S. 254.
[21] vgl. Höffe (2004): S. 255.
[22] vgl. Höffe (2004): S. 255.
[23] Kant (1977): S. 197.

Doch genau das Gegenteil ist heute der Fall, es bleibt immer noch beim Aufrüsten anstatt beim Abrüsten. Andauerndes Wettrüsten ließ sich nicht verhindern und weiterhin gibt es zahlreiche Konflikte, die mit Waffen ausgetragen werden.[24] Ein aktuelles Beispiel stellt der Syrien- Konflikt dar, fast täglich sterben Menschen und es ist noch lange kein Ende in Sicht. Dieses Hoch- und Wettrüsten wird durch enorme Staatsschulden finanziert, genau dieser Punkt spricht wiederum gegen Kants vierte Vorbedingung zu einem ewigen Frieden.

4. Präliminarartikel: "Es sollen keine Staatsschulden in Beziehung auf äußere Staatshändel gemacht werden."[25]

Kant schreibt hier, dass ein Staat bei einem anderen Staat keine Schulden machen solle. Denn der Staat, der das Geld geliehen bekommt, besitzt anschließend die Mittel einen Krieg gegen den anderen Staat zu führen.[26] Da es nach Kant in der Natur des Menschen liegt Krieg zu führen, wird es auch dazu kommen und beide Staaten werden Schaden tragen.

Auch gegen den fünften Artikel in Kants Friedensschrift wird verstoßen.

5. Präliminarartikel: "Kein Staat soll sich in die Verfassung und Regierung eines andern Staats gewalttätig einmischen."[27]

Mit diesem fünften Präliminarartikel greift Kant die Autonomie eines Staates auf. Hier verlangt er, dass sich kein Staat in interne Angelegenheiten von anderen Staaten gewalttätig einmischen darf. Alleine die Tatsache, dass ein anderer Staat intern mit seiner Bevölkerung zu kämpfen hat, gibt einem anderen Staat nicht das Recht, sich einzumischen.[28] Es gilt hierbei das Prinzip der Nichteinmischung, da die Souveränität eines Staates respektiert werden soll. Ein rein verbaler Eingriff wird allerdings nicht verboten. Kant wendet sich ausschließlich gegen gewaltsame Einmischungen.

Nur wenige Beispiele zeigen den Verstoß der Vereinten Nationen gegen diesen Artikel. Beispielsweise der Einmarsch sowjetischer Truppen in Berlin(1953), Prag (1968) und Budapest (1956), sowie der militärische Übergriff der USA in Haiti (1994) und Panama (1989).[29]

Aktuelles Beispiel zeigt der Irak- und Afghanistan-Krieg. In dem Irak wurde aufgrund der Annahme, dass der ehemalige   irakische Diktator Saddam Hussein große

---

[24] vgl. Höffe (2004): S. 256.
[25] Kant (1977): S. 198.
[26] vgl. Kant (1977): S.198 f.
[27] Kant (1977): S.199.
[28] vgl. Kant (1977): S.199.
[29] vgl. Höffe (2004): S. 256.

Waffengewalt besitze, einmarschiert. Viele Zivilisten kamen ums Leben, wodurch der Entschluss der UNO schwer kritisiert wurde. Weiteres aktuelles Beispiel hierfür ist der Afghanistan- Krieg. Auslöser dafür waren die Terroranschläge am 11.09.2011 auf das World Trade Center in den USA. Obwohl die Terroranschläge vom Terrornetzwerk Al-Qaida verübt worden waren, sind die UN- Truppen aufgrund der Forderung der US-Regierung in Afghanistan einmarschiert. Es ist sehr umstritten ob dadurch die Staatssouveränität verletzt wurde , denn der Angriff ging nicht vom Staat selbst aus, sondern von dem Terrornetzwerk, welches sich nicht nur auf den Afghanistan beschränkt. Einige Kritiker vertreten die Meinung, dass bei dem Einmarsch der USA die ökonomische Interessen im Vordergrund standen, wie Bodenschätze, insbesondere Öl.

Zusammenfassend ist zu sagen, dass dem Werk von Immanuel Kant "Zum ewigen Frieden" und ihm selbst sehr große Bedeutung zugeschrieben werden kann. Seine Gedanken haben keineswegs von Aktualität verloren und man kann ihn auch als ein Vordenker der Vereinten Nationen ansehen. Allerdings haben meine Ausführungen gezeigt, dass Kants Konzept bei weitem nicht eins zu eins realisiert wurde. Ganz im Gegenteil, denn besonders wichtige Bedingungen von Kant werden in den Vereinten Nationen außer Acht gelassen. Wettrüsten, keine republikanischen Verfassungen, Staatsschulden und das Eingreifen in innerstaatliche Konflikte sind alles Argumente die gegen das Kantsche Friedenskonzept sprechen, welche aber so in unserer heutigen Zeit vor zu finden sind. Somit ist die Frage, ob Kant mit seinem Werk "Zum ewigen Frieden" als Vordenker der Vereinten Nationen gilt, zweierlei zu beantworten. Kants Vorstellungen von einem Völkerbund wurden umgesetzt und das Ziel des globalen Friedens wurde übernommen, jedoch konnte dieses Ziel nicht im entferntesten realisiert werden da Vorbedingungen nicht erfüllt wurden. Mehr als die Hälfte aller Artikel in Kants Friedensvertrag wurden durch die UNO verletzt, allerdings sollte man bedenken das aufgrund der wandelnden Zeit auch Kants Konzepte überdacht werden sollten.

Literaturverzeichnis

Höffe, Otfried (2004): Klassiker Auslegen. Immanuel Kant, Zum ewigen Frieden, Band 1, 2. Auflage, Akademie Verlag GmbH, Berlin.

Kant, Immanuel (1977): Zum ewigen Frieden. Ein philosophischer Entwurf, In: Schriften zur Anthropologie, Geschichtsphilosophie und Pädagogik 1 / Kant, Immanuel. Frankfurt am Main, S. 195 - 254.

Pesch, Volker (2012): Immanuel Kant, in: Demokratietheorien: Von der Antike bis zur Gegenwart. Texte und Interpretationshilfen, Massing, Peter (Hrsg.), Wochenschau-Verlag, 8. völlig überarb. Aufl., Schwalbach/Ts., S. 125-134.

Schmidt, Manfred G. (2010): Wörterbuch zur Politik, 3. Auflg., Stuttgart: Alfred Kröner Verlag.